自我介绍
zì wǒ jiè shào

〔新加坡〕熊华丽 ◎ 编著

图书在版编目(CIP)数据

大苹果阅读 = Big Apple Chinese Readers. 第四级 Level Four/(新加坡)熊华丽编著 . —北京:北京大学出版社,2019.6
ISBN 978-7-301-30002-2

Ⅰ.① 大… Ⅱ.① 熊… Ⅲ.① 汉语 – 阅读教学 – 对外汉语教学 – 教学参考资料 Ⅳ.① H195.4

中国版本图书馆 CIP 数据核字(2018)第 244619 号

书　　　名	大苹果阅读（第四级） DA PINGGUO YUEDU (DI-SI JI)
著作责任者	〔新加坡〕熊华丽　编著
插 图 绘 制	张运红
责 任 编 辑	路冬月　宋思佳
标 准 书 号	ISBN 978-7-301-30002-2
出 版 发 行	北京大学出版社
地　　　址	北京市海淀区成府路 205 号　100871
网　　　址	http://www.pup.cn　新浪微博:@北京大学出版社
电 子 信 箱	zpup@pup.cn
电　　　话	邮购部 010-62752015　发行部 010-62750672 编辑部 010-62753374
印 刷 者	北京大学印刷厂
经 销 者	新华书店
	880 毫米 ×1230 毫米　32 开本　7.5 印张　111 千字 2019 年 6 月第 1 版　2019 年 6 月第 1 次印刷
定　　　价	185.00 元

未经许可,不得以任何方式复制或抄袭本书之部分或全部内容。
版权所有,侵权必究
举报电话:010-62752024　电子信箱:fd@pup.pku.edu.cn
图书如有印装质量问题,请与出版部联系,电话:010-62756370

"同学们好！我是你们今年的新老师，姓李，来自中国。请大家都做个自我介绍吧！"

"大家好！我叫 Claire，是从英国来的。我最喜欢吃西瓜，我的爱好是骑自行车。"

"大家好!我叫 Jack,是从新西兰来的。我最喜欢吃鸡蛋,我的爱好是跑步。"

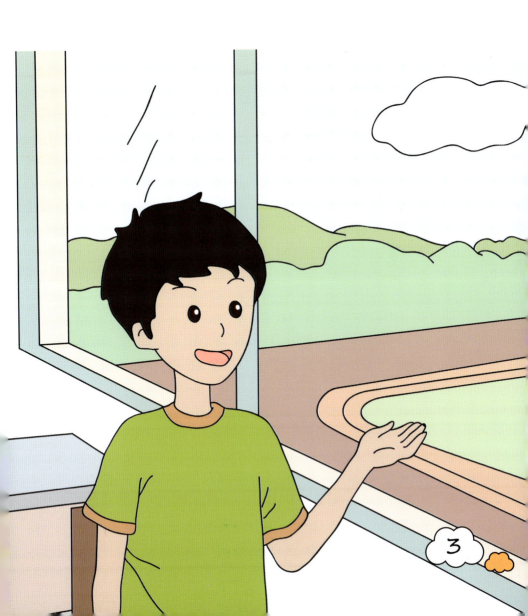

"大家好!我是 Lisa,来自美国。我最喜欢吃包子,我的爱好是游泳。"

"大家好！我是David，来自加拿大。我最喜欢喝苹果汁，我的爱好是听音乐。"

下课了,同学们都很高兴,因为大家都认识了新朋友。

扫码听原文

P1 / "同学们好！我是你们今年的新老师，姓李，来自中国。请大家都做个自我介绍吧！"

P2 / "大家好！我叫Claire，是从英国来的。我最喜欢吃西瓜，我的爱好是骑自行车。"

P3 / "大家好！我叫Jack，是从新西兰来的。我最喜欢吃鸡蛋，我的爱好是跑步。"

P4 / "大家好！我是Lisa，来自美国。我最喜欢吃包子，我的爱好是游泳。"

P5 / "大家好！我是David，来自加拿大。我最喜欢喝苹果汁，我的爱好是听音乐。"

P6 / 下课了，同学们都很高兴，因为大家都认识了新朋友。

排一排

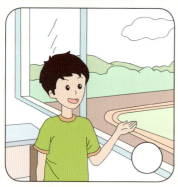

 读一读

新老师　吃西瓜

跑步　游泳

听音乐　认识

kè wài huó dòng
课外活动

〔新加坡〕熊华丽 ◎ 编著

放学了,有的同学在唱歌跳舞,有的在打网球,还有的在踢足球。

"我知道你足球踢得好,你会不会打篮球?"

"会呀。咱们现在就去打一会儿吧?"

"我太想打了,可是我这几天腿有点儿疼,不能跑。"

"没关系,那我们就坐在旁边看其他同学打篮球吧!"

他们一边聊天儿,一边看球,也过得很开心!

扫码听原文

P1 / 放学了,有的同学在唱歌跳舞,有的在打网球,还有的在踢足球。

P2 / "我知道你足球踢得好,你会不会打篮球?"

P3 / "会呀。咱们现在就去打一会儿吧?"

P4 / "我太想打了,可是我这几天腿有点儿疼,不能跑。"

P5 / "没关系,那我们就坐在旁边看其他同学打篮球吧!"

P6 / 他们一边聊天儿,一边看球,也过得很开心!

排一排

 读一读

放学　不能

咱们　一边……一边……

坐在旁边　会不会

 自我介绍
 课外活动
 夏天运动
 家人
 周末

 新朋友
 特别的节日
 赢了
 新书包
 感冒

 旗袍
 花木兰
 熊猫呢
 十二和二十
 想家

 我迷路了
 让座
 汉语课
 喜鹊
 夸父追日

夏天运动
xià tiān yùn dòng

〔新加坡〕熊华丽 ◎ 编著

星期天下午,我去 Tony 家找他出去玩儿,可是他不想出去。

Tony 说外面太热了,热得受不了。他最讨厌夏天了。

我们开着空调坐在沙发上,一边吃着巧克力冰淇淋,一边看着电影。

过了一会儿，Tony 说："你还想出去玩儿吗？想一想有没有又不热又开心的运动呢？"

"当然有!我有个好主意,一定让你满意。""真的?那我们快走吧!"

哈哈，游泳真是夏天最好的运动，又凉快又能锻炼身体！

扫码听原文

P1 星期天下午，我去Tony家找他出去玩儿，可是他不想出去。

P2 Tony说外面太热了，热得受不了。他最讨厌夏天了。

P3 我们开着空调坐在沙发上，一边吃着巧克力冰淇淋，一边看着电影。

P4 过了一会儿，Tony说："你还想出去玩儿吗？想一想有没有又不热又开心的运动呢？"

P5 "当然有！我有个好主意，一定让你满意。" "真的？那我们快走吧！"

P6 哈哈，游泳真是夏天最好的运动，又凉快又能锻炼身体！

 读一读

空调　　讨厌

想一想　　游泳

好主意　　出去

 自我介绍
 课外活动
 夏天运动
 家人
 周末

 新朋友
 特别的节日
 赢了
 新书包
 感冒

 旗袍
 花木兰
 熊猫呢
 十二和二十
 想家

 我迷路了
 让座
 汉语课
 喜鹊
 夸父追日

家人
jiā rén

〔新加坡〕熊华丽 ◎ 编著

北京大学出版社
PEKING UNIVERSITY PRESS

Lily 今年上二年级，她很聪明，学习成绩也不错。

爸爸在图书馆工作,经常在晚饭后看电视上的新闻节目。

妈妈在附近的体育馆上班,她下班后习惯坐在阳台上看杂志。

奶奶身体很好,不但每天把家里打扫得干干净净,而且还去超市买菜,给家人做饭。

爷爷奶奶都60多岁了,他们会互相照顾,不用家人担心。

多么幸福的一家人啊！他们正打算寒假出国旅游呢。

扫码听原文

P1 / Lily今年上二年级,她很聪明,学习成绩也不错。

P2 / 爸爸在图书馆工作,经常在晚饭后看电视上的新闻节目。

P3 / 妈妈在附近的体育馆上班,她下班后习惯坐在阳台上看杂志。

P4 / 奶奶身体很好,不但每天把家里打扫得干干净净,而且还去超市买菜,给家人做饭。

P5 / 爷爷奶奶都60多岁了,他们会互相照顾,不用家人担心。

P6 / 多么幸福的一家人啊!他们正打算寒假出国旅游呢。

排一排

聪明

打扫　做饭

看杂志

幸福

照顾

看新闻

 1. 自我介绍 zì wǒ jiè shào
 2. 课外活动 kè wài huó dòng
 3. 夏天运动 xià tiān yùn dòng
 4. 家人 jiā rén
 5. 周末 zhōu mò

 6. 新朋友 xīn péng yǒu
 7. 特别的节日 tè bié de jié rì
 8. 赢了 yíng le
 9. 新书包 xīn shū bāo
 10. 感冒 gǎn mào

 11. 旗袍 qí páo
 12. 花木兰 huā mù lán
 13. 熊猫呢 xióng māo ne
 14. 十二和二十 shí èr hé èr shí
 15. 想家 xiǎng jiā

 16. 我迷路了 wǒ mí lù le
 17. 让座 ràng zuò
 18. 汉语课 hàn yǔ kè
 19. 喜鹊 xǐ què
 20. 夸父追日 kuā fù zhuī rì

周末
zhōu mò

〔新加坡〕熊华丽 ◎ 编著

今天是周末,上午十点多,我和爸爸妈妈坐地铁去公园。

我在草地上追蝴蝶，爸爸妈妈坐在旁边看着我玩儿。

妈妈用新手机给我照相。妈妈说:"你看这个拍得好吗?"

"拍得真好!来,爸爸妈妈,我也给你们拍一张吧!"

下午两点多,我跟爸爸打乒乓球。爸爸说我最近打得越来越好了。

晚上七点半,我们一家人去中餐馆吃烤鸭、饺子和很多其他的中国菜。

扫码听原文

P1 / 今天是周末，上午十点多，我和爸爸妈妈坐地铁去公园。

P2 / 我在草地上追蝴蝶，爸爸妈妈坐在旁边看着我玩儿。

P3 / 妈妈用新手机给我照相。妈妈说："你看这个拍得好吗？"

P4 / "拍得真好！来，爸爸妈妈，我也给你们拍一张吧！"

P5 / 下午两点多，我跟爸爸打乒乓球。爸爸说我最近打得越来越好了。

P6 / 晚上七点半，我们一家人去中餐馆吃烤鸭、饺子和很多其他的中国菜。

排一排

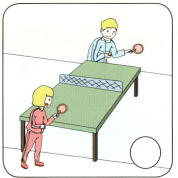

 读一读

公园　　拍一张（照）

照相　　越来越

中餐馆　　追蝴蝶

 1. 自我介绍 zì wǒ jiè shào
 2. 课外活动 kè wài huó dòng
 3. 夏天运动 xià tiān yùn dòng
 4. 家人 jiā rén
 5. 周末 zhōu mò
 6. 新朋友 xīn péng yǒu
 7. 特别的节日 tè bié de jié rì
 8. 赢了 yíng le
 9. 新书包 xīn shū bāo
 10. 感冒 gǎn mào
 11. 旗袍 qí páo
 12. 花木兰 huā mù lán
 13. 熊猫呢 xióng māo ne
 14. 十二和二十 shí èr hé èr shí
 15. 想家 xiǎng jiā
 16. 我迷路了 wǒ mí lù le
 17. 让座 ràng zuò
 18. 汉语课 hàn yǔ kè
 19. 喜鹊 xǐ què
 20. 夸父追日 kuā fù zhuī rì

新朋友
xīn péng you

〔新加坡〕熊华丽 ◎ 编著

北京大学出版社
PEKING UNIVERSITY PRESS

昨天放学时,突然下起了大雨,Lisa打着雨伞回家。

Lisa 说:"站在那里不安全,很危险。我的伞很大,咱们一起用吧!"

"来，咱们只要靠近一点儿，就都不会被雨淋湿了。"

雨停了,太阳出来了,她们也到家了。原来她们住在同一座楼。

Lucy 说:"谢谢你!明天咱们一起去上学,七点在楼下见面,好吗?"

扫码听原文

P1 / 昨天放学时,突然下起了大雨,Lisa打着雨伞回家。

P2 / Lucy忘了带雨伞,这时她正站在路边的树下躲雨。

P3 / Lisa说:"站在那里不安全,很危险。我的伞很大,咱们一起用吧!"

P4 / "来,咱们只要靠近一点儿,就都不会被雨淋湿了。"

P5 / 雨停了,太阳出来了,她们也到家了。原来她们住在同一座楼。

P6 / Lucy说:"谢谢你!明天咱们一起去上学,七点在楼下见面,好吗?"

排一排

 读一读

躲雨　　见面

原来　　下起大雨

危险　　靠近

tè bié de jié rì
特别的节日

〔新加坡〕熊华丽 ◎ 编著

今天中秋节,妈妈买了月饼,要Lisa请邻居小明来一起过节。

Lisa 来到小明家，看到只有他一个人在家，桌上放着一个生日蛋糕。

小明看起来心情不太好,今天是他的生日,可是爸爸妈妈还没回来。

Lisa拉住他的手说:"来我们家吧,我们一起给你庆祝生日!"

他们来到Lisa家。正准备吃饭时，小明的爸爸妈妈回来了。

晚饭后,两家人在草地上赏月。小明说:"今天不但月亮美,而且生日也过得很特别!"

扫码听原文

P1 / 今天中秋节,妈妈买了月饼,要Lisa请邻居小明来一起过节。

P2 /Lisa来到小明家,看到只有他一个人在家,桌上放着一个生日蛋糕。

P3 / 小明看起来心情不太好,今天是他的生日,可是爸爸妈妈还没回来。

P4 /Lisa拉住他的手说:"来我们家吧,我们一起给你庆祝生日!"

P5 / 他们来到Lisa家。正准备吃饭时,小明的爸爸妈妈回来了。

P6 / 晚饭后,两家人在草地上赏月。小明说:"今天不但月亮美,而且生日也过得很特别!"

排一排

 读一读

来到

看起来

正……时

中秋节

庆祝

赏月

自我介绍

课外活动

夏天运动

家人

周末

新朋友

特别的节日

赢了

新书包

感冒

旗袍

花木兰

熊猫呢

十二和二十

想家

我迷路了

让座

汉语课

喜鹊

夸父追日

赢了
yíng le

〔新加坡〕熊华丽 ◎ 编著

北京大学出版社

学校组织足球比赛，Jim 很感兴趣，但是他不会踢球。

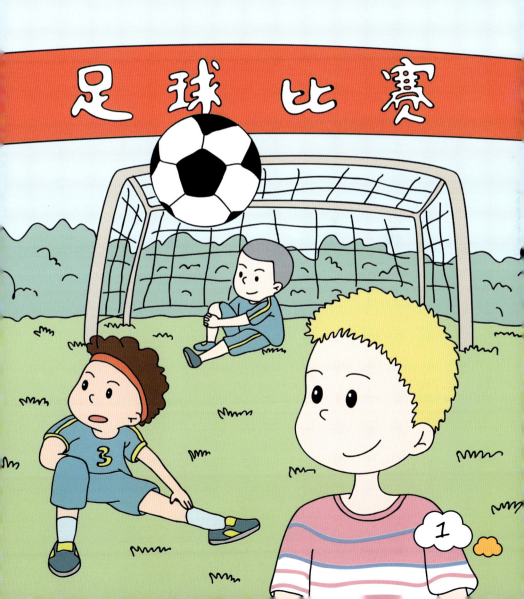

体育老师说:"我可以教你,但是你必须努力学。"

Jim 说:"放心吧,我不怕累,我会努力学,而且我一定会坚持的。"

每天早上,大家还没起床,Jim 就已经在球场上了。

下午放学后,大家都回家了,Jim还在球场上练球。

Jim和伙伴们一起赢得了冠军。大家都祝贺Jim说:"你真厉害!"

扫码听原文

P1 / 学校组织足球比赛，Jim很感兴趣，但是他不会踢球。

P2 / 体育老师说："我可以教你，但是你必须努力学。"

P3 / Jim说："放心吧，我不怕累，我会努力学，而且我一定会坚持的。"

P4 / 每天早上，大家还没起床，Jim就已经在球场上了。

P5 / 下午放学后，大家都回家了，Jim还在球场上练球。

P6 / Jim和伙伴们一起赢得了冠军。大家都祝贺Jim说："你真厉害！"

排一排

 读一读

练球　　必须

坚持　　感兴趣

球场　　冠军

新书包
xīn shū bāo

〔新加坡〕熊华丽 ◎ 编著

北京大学出版社
PEKING UNIVERSITY PRESS

我有一个漂亮的小书包,可是,小书包有点儿旧了。

"妈妈,你看这个绿色小书包破了一个洞。"

妈妈说再买个一样的,可是我想买个不同颜色的。

妈妈说:"红色的怎么样?"我摇摇头。

"我一直想要一个蓝色的书包,还是要蓝色的吧!"我说。

扫码听原文

P1 / 我有一个漂亮的小书包,可是,小书包有点儿旧了。

P2 / "妈妈,你看这个绿色小书包破了一个洞。"

P3 / 妈妈说再买个一样的,可是我想买个不同颜色的。

P4 / 妈妈说:"红色的怎么样?"我摇摇头。

P5 / "我一直想要一个蓝色的书包,还是要蓝色的吧!"我说。

P6 / 妈妈真的买到了一个我想要的蓝色书包!

排一排

 读一读

旧

破洞

不同颜色

还是……吧

摇头

买到

 1. 自我介绍
 2. 课外活动
 3. 夏天运动
 4. 家人
 5. 周末

 6. 新朋友
 7. 特别的节日
 8. 赢了
 9. 新书包
 10. 感冒

 11. 旗袍
 12. 花木兰
 13. 熊猫呢
 14. 十二和二十
 15. 想家

 16. 我迷路了
 17. 让座
 18. 汉语课
 19. 喜鹊
 20. 夸父追日

感冒
gǎn mào

〔新加坡〕熊华丽 ◎ 编著

冬天来了,外面风很大,可是我不想穿大衣,因为我觉得穿大衣不好看。

第二天早上,我生病了,感冒、发烧。妈妈带我去看医生。

医生问:"你哪里不舒服?""我头疼、肚子疼、发烧。"

医生说:"这个药每天吃三次,每次三片。另外,要记得多喝水。"

我听了医生的话，每天按时吃药，而且喝了很多水。

我的感冒很快就好了,又开开心心地去上学了。

扫码听原文

P1 / 冬天来了,外面风很大,可是我不想穿大衣,因为我觉得穿大衣不好看。

P2 / 第二天早上,我生病了,感冒、发烧。妈妈带我去看医生。

P3 / 医生问:"你哪里不舒服?""我头疼、肚子疼、发烧。"

P4 / 医生说:"这个药每天吃三次,每次三片。另外,要记得多喝水。"

P5 / 我听了医生的话,每天按时吃药,而且喝了很多水。

P6 / 我的感冒很快就好了,又开开心心地去上学了。

排一排

 读一读

感冒好了　不舒服

生病　冬天来了

每天三次 每次三片　按时

 自我介绍
 课外活动
 夏天运动
 家人
 周末
 新朋友
 特别的节日
 赢了
 新书包
 感冒
 旗袍
 花木兰
 熊猫呢
 十二和二十
 想家
 我迷路了
 让座
 汉语课
 喜鹊
 夸父追日

qí pāo
旗 袍

〔新加坡〕熊华丽 ◎ 编著

八月十二日是开学的第一天,李老师穿了一件浅绿色的旗袍,女孩子们都很喜欢。

李老师说:"这是旗袍,是中国的传统服装。"

"李老师,我也想要一件旗袍,我要让妈妈给我买。"

"中山路的商店有卖的,你们可以去看看。"

第二天，Sarah 真的穿了一件粉红色的旗袍。

过了一会儿,大家都到了,女孩子们都穿着各种各样的旗袍,漂亮极了!

扫码听原文

P1 / 八月十二日是开学的第一天，李老师穿了一件浅绿色的旗袍，女孩子们都很喜欢。

P2 / 李老师说："这是旗袍，是中国的传统服装。"

P3 / "李老师，我也想要一件旗袍，我要让妈妈给我买。"

P4 / "中山路的商店有卖的，你们可以去看看。"

P5 / 第二天，Sarah真的穿了一件粉红色的旗袍。

P6 / 过了一会儿，大家都到了，女孩子们都穿着各种各样的旗袍，漂亮极了！

 读一读

浅绿色

各种各样

传统服装

想要

粉红色

商店

huā mù lán
花木兰

〔新加坡〕熊华丽 ◎ 编著

花木兰从小就像男孩子一样,喜欢骑马、射箭。

有一天,皇帝要求每个家庭都要派出一名男子参军,保卫国家。

花木兰的父亲年纪大了,弟弟年纪又小,都不能去。花木兰决定自己去。

花木兰在战争中非常勇敢,立下了很多功劳。

后来,战争结束了,花木兰要回家乡了,她很兴奋。

她换上了女孩子的衣服。一起来的同伴都觉得好奇怪:"花木兰怎么是女的?"

扫码听原文

P1 / 花木兰从小就像男孩子一样,喜欢骑马、射箭。

P2 / 有一天,皇帝要求每个家庭都要派出一名男子参军,保卫国家。

P3 / 花木兰的父亲年纪大了,弟弟年纪又小,都不能去。花木兰决定自己去。

P4 / 花木兰在战争中非常勇敢,立下了很多功劳。

P5 / 后来,战争结束了,花木兰要回家乡了,她很兴奋。

P6 / 她换上了女孩子的衣服。一起来的同伴都觉得好奇怪:"花木兰怎么是女的?"

排一排

 读一读

像……一样

决定

参军

奇怪

勇敢

战争结束

xióng māo ne
熊猫呢

〔新加坡〕熊华丽 ◎ 编著

动物园里有一只熊猫,十分可爱,爸爸妈妈经常带我去看它。

上个星期六,我和爸爸又去看熊猫,可是它不在那里。

我很担心它。爸爸说:"咱们去问问动物园管理员吧!"

我告诉管理员:"熊猫不见了,怎么办呢?"

我们到处找,连附近的竹林也找过了,还是找不到它。

路过电影院时,我们看见熊猫正安安静静地看电影《功夫熊猫》呢!

扫码听原文

P1 / 动物园里有一只熊猫,十分可爱,爸爸妈妈经常带我去看它。

P2 / 上个星期六,我和爸爸又去看熊猫,可是它不在那里。

P3 / 我很担心它。爸爸说:"咱们去问问动物园管理员吧!"

P4 / 我告诉管理员:"熊猫不见了,怎么办呢?"

P5 / 我们到处找,连附近的竹林也找过了,还是找不到它。

P6 / 路过电影院时,我们看见熊猫正安安静静地看电影《功夫熊猫》呢!

排一排

读一读

熊猫　　到处

告诉　　担心

不在　　安安静静

shí èr hé èr shí
十二和二十

〔新加坡〕熊华丽 ◎ 编著

北京大学出版社
PEKING UNIVERSITY PRESS

表哥家搬到北京来了,我周末去他家玩儿。

阿姨和姨夫都很高兴,他们做了很多好吃的菜。

表哥长得很高，比我高很多。我担心自己长得太矮了。

我问表哥怎么才能像他一样长得这么高。

表哥问我今年几岁了,我告诉他我十二岁了。

"只要坚持锻炼,吃健康食物,你二十岁时就一定会很高的。"

扫码听原文

P1 / 表哥家搬到北京来了，我周末去他家玩儿。

P2 / 阿姨和姨夫都很高兴，他们做了很多好吃的菜。

P3 / 表哥长得很高，比我高很多。我担心自己长得太矮了。

P4 / 我问表哥怎么才能像他一样长得这么高。

P5 / 表哥问我今年几岁了，我告诉他我十二岁了。

P6 / "只要坚持锻炼，吃健康食物，你二十岁时就一定会很高的。"

排一排

读一读

二十岁　　比我高

做菜　　十二岁

像他一样　　搬

 自我介绍
 课外活动
 夏天运动
 家人
 周末

 新朋友
 特别的节日
 赢了
 新书包
 感冒

 旗袍
 花木兰
 熊猫呢
 十二和二十
 想家

 我迷路了
 让座
 汉语课
 喜鹊
 夸父追日

想家
xiǎng jiā

〔新加坡〕熊华丽 ◎ 编著

去年暑假，我参加了学校的夏令营，认识了很多新朋友。

白天，我们到附近的小河里游泳。

晚上，大家坐在草地上唱歌、讲故事、做游戏。

我们玩儿得可开心了。可是,一个星期后,我就开始想家了。

我给爸爸妈妈发电子邮件:"爸爸妈妈,你们好吗?我想你们了。"

"我们也想你。你好好玩儿吧,三天后我们就可以见面了。"

扫码听原文

P1 / 去年暑假，我参加了学校的夏令营，认识了很多新朋友。

P2 / 白天，我们到附近的小河里游泳。

P3 / 晚上，大家坐在草地上唱歌、讲故事、做游戏。

P4 / 我们玩儿得可开心了。可是，一个星期后，我就开始想家了。

P5 / 我给爸爸妈妈发电子邮件："爸爸妈妈，你们好吗？我想你们了。"

P6 / "我们也想你。你好好玩儿吧，三天后我们就可以见面了。"

排一排

 读一读

新朋友　　电子邮件

见面　　游泳

做游戏　　想家

 自我介绍
 课外活动
 夏天运动
 家人
 周末

 新朋友
 特别的节日
 赢了
 新书包
 感冒

 旗袍
 花木兰
 熊猫呢
 十二和二十
 想家

 我迷路了
 让座
 汉语课
 喜鹊
 夸父追日

我迷路了
wǒ mí lù le

〔新加坡〕熊华丽 ◎ 编著

上个月,我们刚搬了新家,我就出去买东西。

可是出了超市后,我就发现自己迷路了。

警察叔叔说:"不用害怕,把你新家的地址给我,我送你回家。"

"我家在 Pony Hill,走路大概十分钟,可是我忘了怎么走。"

我跟着警察叔叔走过一条街,向左转,再过一条街,然后右转。

很快我就到家了。哈哈，我家在超市的东边，我以为在西边呢！

扫码听原文

P1 / 上个月,我们刚搬了新家,我就出去买东西。

P2 / 可是出了超市后,我就发现自己迷路了。

P3 / 警察叔叔说:"不用害怕,把你新家的地址给我,我送你回家。"

P4 / "我家在Pony Hill,走路大概十分钟,可是我忘了怎么走。"

P5 / 我跟着警察叔叔走过一条街,向左转,再过一条街,然后右转。

P6 / 很快我就到家了。哈哈,我家在超市的东边,我以为在西边呢!

排一排

 读一读

地址

买东西

迷路

左转 右转

怎么走

东边 西边

 自我介绍
 课外活动
 夏天运动
 家人
 周末

 新朋友
 特别的节日
 赢了
 新书包
 感冒

 旗袍
 花木兰
 熊猫呢
 十二和二十
 想家

 我迷路了
 让座
 汉语课
 喜鹊
 夸父追日

<ruby>让<rt>ràng</rt></ruby> <ruby>座<rt>zuò</rt></ruby>

〔新加坡〕熊华丽 ◎ 编著

周末,我和朋友约好去中山路玩儿。

坐在巴士上,我看见一个老奶奶和一个孕妇上了车。

我马上站起来,想把我的座位让给她们。

可是，两人都需要座位，我不知道应该把我的座位让给谁。

这时，旁边一个叔叔站起来，把座位让给了孕妇。

我也把座位让给了老奶奶。老奶奶说:"乖孩子,谢谢你。"

扫码听原文

P1 / 周末,我和朋友约好去中山路玩儿。

P2 / 坐在巴士上,我看见一个老奶奶和一个孕妇上了车。

P3 / 我马上站起来,想把我的座位让给她们。

P4 / 可是,两人都需要座位,我不知道应该把我的座位让给谁。

P5 / 这时,旁边一个叔叔站起来,把座位让给了孕妇。

P6 / 我也把座位让给了老奶奶。老奶奶说:"乖孩子,谢谢你。"

排一排

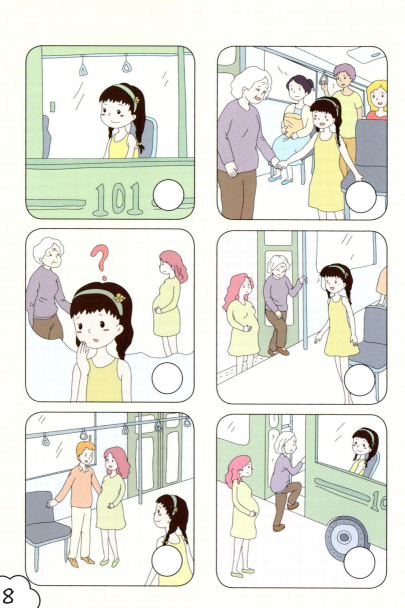

读一读

- 周末
- 让座位
- 需要
- 站起来
- 旁边
- 上车

汉语课
hàn yǔ kè

〔新加坡〕熊华丽 ◎ 编著

快放假了,今天是最后一节汉语课,大家都很兴奋。

一年就要结束了,大家都想知道这节课上什么内容。

"我猜李老师会讲故事,她今年给我们讲过好多故事。"

"我猜李老师会让我们复习学过的汉字,咱们比赛谁认识的汉字多吧?"

"我猜李老师会让我们练习自我介绍,新学期开始时可以用的。"

李老师来了,她让大家一边唱歌一边做游戏。同学们好开心啊!

扫码听原文

P1 / 快放假了,今天是最后一节汉语课,大家都很兴奋。

P2 / 一年就要结束了,大家都想知道这节课上什么内容。

P3 / "我猜李老师会讲故事,她今年给我们讲过好多故事。"

P4 / "我猜李老师会让我们复习学过的汉字,咱们比赛谁认识的汉字多吧?"

P5 / "我猜李老师会让我们练习自我介绍,新学期开始时可以用的。"

P6 / 李老师来了,她让大家一边唱歌一边做游戏。同学们好开心啊!

排一排

 读一读

兴奋	讲故事
一边……一边……	复习汉字
自我介绍	想知道

 自我介绍	 课外活动	 夏天运动	 家人	 周末
 新朋友	 特别的节日	 赢了	 新书包	 感冒
 旗袍	 花木兰	 熊猫呢	 十二和二十	 想家
 我迷路了	 让座	 汉语课	 喜鹊	 夸父追日

有一天,我自己一个人在家画画儿,突然听到外面一阵小鸟的叫声。

我打开窗户,发现窗台上有一只小小的鸟。风太大了,把它从树上吹下来了。

我想把小鸟送回去，但是树太高了，我够不到鸟窝。

我想起邻居王叔叔家有梯子，就去请他帮忙。

我们把小鸟送回了家。王叔叔告诉我,这种小鸟叫喜鹊,是吉祥的象征。

扫码听原文

P1 / 有一天,我自己一个人在家画画儿,突然听到外面一阵小鸟的叫声。

P2 / 我打开窗户,发现窗台上有一只小小的鸟。风太大了,把它从树上吹下来了。

P3 / 我想把小鸟送回去,但是树太高了,我够不到鸟窝。

P4 / 我想起邻居王叔叔家有梯子,就去请他帮忙。

P5 / 我们把小鸟送回了家。王叔叔告诉我,这种小鸟叫喜鹊,是吉祥的象征。

P6 / 我早就听说过喜鹊了,一直没见过。太好了,我见到喜鹊啦!

排一排

 读一读

够不到　　送回家

帮忙　　发现

画画儿　　听说过没见过

 1. 自我介绍
 2. 课外活动
 3. 夏天运动
 4. 家人
 5. 周末

 6. 新朋友
 7. 特别的节日
 8. 赢了
 9. 新书包
 10. 感冒

 11. 旗袍
 12. 花木兰
 13. 熊猫呢
 14. 十二和二十
 15. 想家

 16. 我迷路了
 17. 让座
 18. 汉语课
 19. 喜鹊
 20. 夸父追日

kuā fù zhuī rì
夸父追日

〔新加坡〕熊华丽 ◎ 编著

北京大学出版社
PEKING UNIVERSITY PRESS

很久很久以前,有个巨人名字叫夸父。他站着跟大山一样高,躺着跟黄河一样宽。

每年的冬天，太阳出来的时间很短，天气冷得很；到了夏天，太阳像个大火球，热极了。

于是,夸父决定去抓住太阳,让人们冬天暖和一点儿,夏天凉快一点儿。

他追了九天九夜,可是太阳还是在往前跑,根本追不上。

夸父又渴又累,倒在地上爬不起来了。他临死的时候,把手里的木杖扔了出去。

他的身体变成了大山，头发变成了树木，那根木杖也变成了一片桃树林。

扫码听原文

P1 / 很久很久以前，有个巨人名字叫夸父。他站着跟大山一样高，躺着跟黄河一样宽。

P2 / 每年的冬天，太阳出来的时间很短，天气冷得很；到了夏天，太阳像个大火球，热极了。

P3 / 于是，夸父决定去抓住太阳，让人们冬天暖和一点儿，夏天凉快一点儿。

P4 / 他追了九天九夜，可是太阳还是在往前跑，根本追不上。

P5 / 夸父又渴又累，倒在地上爬不起来了。他临死的时候，把手里的木杖扔了出去。

P6 / 他的身体变成了大山，头发变成了树木，那根木杖也变成了一片桃树林。

排一排

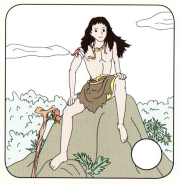

 读一读

冷得很
热极了

抓住

巨人

倒在地上

追不上

变成